novum premium

Ernst Mayerhofer

Tief empfundene Gedichte

Aus einer
düstren Zeit
in Wien und
einer neuen
Heimat
in Tirol

Von Ernst Mayerhofer (1896–1968)

novum premium

Bibliografische Information
der Deutschen Nationalbibliothek:

Die Deutsche Nationalbibliothek
verzeichnet diese Publikation in
der Deutschen Nationalbibliografie.
Detaillierte bibliografische Daten
sind im Internet über
http://www.d-nb.de abrufbar.

ISBN 978-3-903861-65-7
Lektorat: Bianca Brenner
Umschlagfotos: Chernetskaya,
Jetsam86, Wernerl | Dreamstime.com
Umschlaggestaltung, Layout & Satz:
novum Verlag

Gedruckt in der Europäischen Union
auf umweltfreundlichem, chlor- und
säurefrei gebleichtem Papier.

www.novumverlag.com

Inhaltsverzeichnis

Erste poetische Versuche

(1911–1914)

Morgen im Frühling

Lorbeerbekränzte Musen, grüßet mir fröhlich den Frühling,
Der so angenehm mir Sinne und Seele umstrickt!
Weihet mich ein in die hohe, heilige Welt,
Dass zum Sehenden und auch zum Fühlenden werde ich!
Wie ein nimmer versiegender Lethe rauscht der Frühling heran,
Und im Anschau'n der göttlichen Natur schwinden
der Seele Schwächen.
Sieh nur, wie segelt hoch in den Lüften nach
Käferchen jagend die Schwalbe!
Sieh nur, welch schwellendes Grün sich breitet zu Füßen dir aus!
Horch! Wie mengt sich so schön nur der Vöglein Gesang,
Wie säuselt der Wind in den Blättern!
Er koset und küsset und hauchet und wehet so wohlig
die Wange mir an …

Die Zeit

Rasch ist die Zeit vergangen,
Rasch wird sie wieder vergeh'n;
Sie hat nie angefangen
Und wird immer besteh'n.
Was ist der Menschen Zeit?
Ein Nichts für die Unendlichkeit! –
Was mühst du dich, Menschenkind, ab,
Da du fürn Tod nur geboren;
Liegst du auch schon im Grab,
So bist du dem all nicht verloren.

Spruch

Glänzt auch schon das Silberhaar,
Soll mir nicht Erinn'rung sagen,
Dass ich einst ein Jüngling war,
Sondern statt mich zu beklagen,
Soll bewahrte Jugend sagen:
„Du bist jung in alten Tagen!“

Der Müll der Schule

Ich sitze hier im dumpfen Klassenzimmer.
Langweilig kommt mir die Lektüre vor
Der sonst so schönen alten Dichterfürsten.
Wird einem alles krampfhaft aufgezwungen.
Das Schöne will mit wohltuender Muße
Verbunden sein, um beides zu genießen.
Doch hier wird alles in den Müll gezogen,
Den Müll der Schule, der so viel erstickt. –
Und wie sie alle um mich schaun: Gesichter
Die stumpf und fürchterlich gelangweilt stieren …
Ein jeder wartet müd und abgespannt
Aufs Glockenzeichen, das Erlösung bringt;
Nur kurze Zeit, dann folgt die nächste Stunde,
Und stumpf wie jetzt hört man den Vortrag an,
Von dem man duldend sich begossen fühlt.
Und jeder lässt sich in den Schädel pfropfen,
Was er verstehen mag, vielleicht auch nicht.
Der Streber nur lernt, was das Zeug hält,
Die Verse ohne Sinn und Zweck auswendig,
Die manch Verständige mit Liebe lernten,
Würd's ihnen nicht gewaltsam aufgedrungen.
Ja, jedes Ding will seine eigne Zeit
Und kann nicht auf Befehl verstanden werden. –
Doch weit'res Klagen kann mir jetzt nicht helfen.
Da muss man mit, will man nur weiterkommen!

Es war im Mai ...

Es war im Mai,
In der Nacht, schwüle Winde
Am offenen Fenster
Strichen vorbei.
Im Zimmer drinnen
Die Liebste ...
Des Lagerbettes Linnen
Duftet in kühler Frische
Und lädt zu süßer Liebe ein.
Ein heißer Windstoß drängt herein
Und haucht mir ihre Haare
An mein Haupt.
Ein paar lose, weiche Haare ...
Und streichelten die Stirn
Und drangen wie Schlangen
In mein Hirn.
Wirbelnd ... sinnbetörend ...!
Ich will den Wind umfassen,
Will im Wind mich wiegen –
Und sehe sie in meinen Armen liegen ...

Traumbild

Wir gingen zu zweien.
Unter mir hört' ich die Hölle schreien,
Oben sangen Engel Litaneien.

Ich zog sie an mich und küsste sie
Und immer heller die Hölle schrie
Und kreischte und stampfte und quälte mich –
Und oben der himmlische Klang verblich.
Und als eine helle Saite sprang
Verstummte oben der Engelsgesang …

Da öffnet' ich die Augen –
Und hielt in meinen Armen
Eine Fratze …

Maienabend

Stumm weht der Blütenduft.
Ich sauge ihn ein
Wie ein Ross mit geblähten Nüstern.
Stille schwebt über den Zweigen …
Ich höre diese Stille –
Noch lallt eine Amsel
Ihr Liebeslied.
Doch bald verstummt auch sie …
Ich höre die heilige Stille …

Am Abendhimmel

Mächtig ragen Kastanienwipfel
Gegen blutende Wolkengipfel.
Aus dem dunkelnden Laubgemach
Funkeln die blassen Kerzen noch schwach.

Finster verschwinden die Bäume im Rachen
Fressender Nacht wie lautwildes Lachen.
Vor dem zerklüfteten Wolkentaft
Röchelnde, schwindende Urweltkraft.

Auferstehung

Das klingt wie ein Erlösungslied
In seltsamen Akkorden
Und wie ein weites, tiefes Grab
Ist mir die Welt geworden.

Draus steigen stumm und leichenblass
Die lebenden Gedanken,
Das Antlitz faltig, Arme lass,
Lichttrunken aufwärtswanken.

Und alles nimmt Gestalt herum
Und lebt in Daseinsschweigen
Und auferstehungsselig, stumm
Selbst Stäubchen lichtwärts steigen.

Morgen vor dem Fronleichnamszug

Búm – búm – búmbumbum: die Trommel!
Trátrara – trátrara – trára; die Trompete!
So wacht' ich auf und wusst', das Frühgebet
Der wackern Bläser ist erhört nun worden.
Hei, wie das zünden mag die kleinen Herzen
Der lieben Buben mit den Atlasschleifen,
Der süßen Mädchen in den weißen Röckchen!
Ich weiß es ja aus meinen Kindheitstagen,
Wie mich das „Bumtra" aus den Federn riss,
Wie ich im Hemdchen gleich zum Fenster sprang,
Mein heißes Köpfchen in den Morgen streckte
Und lugt' mit großen, noch verschlafnen Augen.
Und heut wie damals ist mir die Musik
Wie etwas Weihevolles, Heiliges.
Und immer schwebte drüber Glockenton
Und breitete die weiten Fittiche,
Dass es die große Freude nicht verregne …

Das ist so eigen …

Das ist so eigen: –
Abend kommt und Abend geht,
Wind weht her und Wind verweht,
Und unbewusst bist du geworden
Und wachest nun und merkst es nicht,
Und du wirst dereinst auch vergehen,
Ganz unbewusst – wie Wind verwehen …
Du weißt nur immer eines: Du bist!

Die Berufung

Gewohnte Klänge rauschen um mein Ohr.
In gleichen Zeiten zittert durch den Raum
Der leise Schlag der Uhr: – ich merk ihn kaum.
Und dann ist alles wieder wie zuvor.

Die alte, schale Harmonie! – Doch könnt
Nicht einst ein Klang, der das Gewohnte stört,
Weihevoll ertönen, dass man staunend hört
Und horcht? – Das ist nur wenigen gegönnt!

Stammbuchvers

(Veröffentlicht 1946, 5. Jänner in „Sonntagspost“ – Kufstein)

Unendlich liebe die Menschen
Und freu dich an ihrem Glück,
So strahlt deine Liebe zu ihnen
Verschönt auf dich selbst zurück!
Und darin erblicke dein eigenes Glück!

Fern von hier ...

Fern von hier
Schweifen die Gedanken
Zu dir, zu dir.
Und wie Efeuranken
Den Zweig, den schwanken,
Umklammern, umschlingen,
So wollen auch meine Gedanken
Dich umranken,
Dich umringen ...

Du bist wie Harfenklang …

Du bist wie Harfenklang,
Der durch die Nacht
Durch meine Seele sang!
Ich schau dich nicht,
Ich weiß nur, dass du bist,
Weil mich dein zitternder Klang geküsst
Und weil dich meine Seele fühlt …
Du bist die Harfe,
Die ein Gott spielt –
Ewig spielt …

Allegorie

Dein Hoffen, Seele, ist ein breiter Strom.
Ihn säumen grüne, üppige Gelände,
Darüber ruhen segnend Gottes Hände
Und herrlich wölbt sich weit des Himmels Dom.

Am Ufer diesseits breitet jubelreich
Sich Frühling aus, keusch, süß und goldumwoben,
Leis atmend die umflorte Brust gehoben.
Er scheint mir deiner goldnen Jugend gleich.

Am Ufer jenseits flimmert ährenreich
Ein satter Sommer, sonnenübergossen
Und froh dem ganzen Himmel aufgeschlossen.
Er scheint mir deiner frohen Zukunft gleich.

Und aus dem Frühling kommen ich und du
Wie trunken Hand in Hand zum Strom gegaukelt,
Auf dem ein leerer Nachen müde schaukelt,
Und grüßend wogen uns die Wellen zu.

Da raffst du anmutvoll dein bräutlich Kleid
Und setzt ins Boot den Fuß, den wohlgestalten.
Schon löse ich die Ketten, die es halten,
Und bin dein Fährmann, dem sein Herz voll Leid.
Du sprichst: „Wir werden nie uns fürder seh'n! –
Ach, jedem Erdenwaller ist hienieden
Sein eigner Weg, sein eignes Leid beschieden,
Und oft trifft sich's, dass zwei zusammen gehen,

Auch hält sie oft ein zartgefügtes Band.
Doch bald …" – „O nicht! Das ist nicht auszusagen!"
Rief ich, die Hände vor den Kopf geschlagen.
„Leb wohl! Wir sind am jenseitigen Strand!"

Ich taste taumelnd wie im süßen Traum
Zum letzten Druck nach deinen goldnen Händen
Und will mein ganzes Weh und Glück verschwenden.
Dann küsst der Strom noch deines Kleides Saum …

Musikalische Vision vorm Schlaf

Erst muss ich alle läst'gen Melodien verscheuchen,
Die mir wie Vögel durchs Gehirn wild schillernd fliehn
Und wieder dann wie bunte Kröten träge kreuchen.
Sie halten ohne Zahl mein Schlafen hin.

Und manches ist aus schon bekannten Tongebäuden
Wie ein herausgebrochener bemalter Stein.
Ich aber will mich an Gehörtem nicht vergeuden,
Und was mir klingt, soll wie ich selber sein.

Denn nicht in ungezählten Variationen
Des alten Themas soll die Kraft verblüh'n.
Ich will mich selbstisch wie nie Dagewes'nes schonen,
Nur was in mir ist, soll aus mir auch sprüh'n.

Doch endlich flattern mir ins Ohr die neuen Klänge
Und schwellen an zur unerhörten Symphonie,
Es braust beglückend auf, als wären's Engelsänge
Im tiefsten aufgestört ist meine Fantasie.

Jetzt bin ich fluterwartend wie ein Nachen,
Den nur der Ufersand am Auslauf hemmt,
Und plötzlich beißt der hochgeworf'nen Woge Rachen
Ihn los … Der Töne Schwall hat mich hinweggeschwemmt.

Adagio

Sieh, wie so sonnvergoldet dort im Westen
Der leichte Flor von letzten Tagesresten
Wie goldne Inseln im Damast des Himmels schwimmt.

Dies Scheiden lässt mich Jetzt und Hier vergessen,
Ich hab mich fast zum einzigen Gott vermessen
Und meine Seele ist zu schönem Schall gestimmt.

Nun die letzten Lichter niederschweben …
Ich denke über Traum und Tod und Lebensgefahr
Und so … Bin weltfern und doch ganz der Welt verschenkt.

Dann Grau. Die ersten blassen Sterne tauchen,
Wie Opferschalen Hütten heilig rauchen.
Wie alles doch so still die müden Flügel senkt …

Bakchanten-Chor

Evoe Bacchus! Heil dir, Götterzecher!
Lasst von lesbischem Wein die goldnen Becher
Sprudelnd überquellen!
Wir wollen euch, ihr Menschenschlächter,
Ihr Lebens- und ihr Gottverächter
Zum Geist der Freude froh bekehren!
Hoihoo! lasst sie uns lehren
Die wahren Erdengötter!
Wir sind der Menschheit Retter,
Die da rufen:
Hasst eure Leiden,
Lernt eure Freuden!
Freuden sind Stufen
Zum ewig-heiligen Lebenshain!
Wir bringen Götter-, weltentrunken
Euch den Promethidenfunken:
Liebt die Liebe, liebt den Wein,
Liebt das All, die stillen Nächte,
Schaut die Schönheit und die Nacktheit,
Hasst der Menschen böse Vertracktheit,
Hasset alle tyrannischen Mächte!
Ein göttlich Tier in uns sich freut,
Ihr habt es zu lange wie Kinder gescheut.
Doch unvermutet bricht es hervor
Und rennt euch nieder Tür und Tor.
Nun ist euch der große Dionysos hold:
Ergreifet kühn, was ihr heimlich gewollt!
Und werfet von euch die schmerzliche Kette!

Hoihoo! Wir bringen Götter-, weltentrunken
Euch die Promethidenfunken,
Dass er euch vom Tod errette!
O Freude, wie waren wir taub und blind!
Durch dich wir nun hörend und sehend sind!
Wir hören, was durch die Welten rauscht,
Was keines Menschen Ohr noch erlauscht,
Wir sehen, was keiner der Menschen noch sah,
Und stehen der heiligen Gottheit so nah!
So leidentrückt!
So unbeschwert!
So weltverzückt
Zu Gott verklärt!
O lasst uns jauchzen und singen
Und jubelnd den Thyrsusstab schwingen!
Entleert in die Becher die Ziegenschläuche
Und trommelt euch toll auf die feisten Bäuche!
Dass wir nicht fühlen irdisches Leid,
Nur trinken, o trinken Ewigkeit,
Göttliche Lust
Selig bewusst!
Evoe Bacchus! Heil dir, Götterzecher!
Lasst von lesbischem Wein die Becher
Sprudelnd überquellen!
Hoihoo! Hoihoo! Hoihooooo!!

Der Geliebten

Mein ganzes Sein muss ich dir geben
Und jedes Wort, das Liebe spricht.
Dass ich nicht ohne dich kann leben,
Mein Schicksal sich in deins verflicht,

Dass ich mich wider mich empörte,
Wenn ich auch nur ein einzigmal
Hingebend dir nicht angehörte:
Das weiß ich. Denn du bist mein All!

Mondelfchen

Es stieg der Mond am Abend blanken Scheins
Und kam als Lauscher unserer Zärtlichkeit,
Zwar ungebeten, aber doch willkommen.
Da hobst du oft dein Köpfchen zu ihm auf
Und riefest lachend: Neugieriger Schelm!
Entzückt sah ich dich von der Seite an:
Dein überhelltes Antlitz, über das
Gleichmäßig dunkler Bäume Schatten huschten,
Wenn wir die nächtliche Allee durchschritten,
Dann deinen pulsenden zart-schlanken Hals,
Auch deiner Haare weh'nde Schlängelchen
Und solche Verliebter Augenweide mehr.
Und wenn du deinen Blick vom Monde wandtest,
Nahmst du mir jedes Mal ein Leuchten mit,
Das deinem Auge wundersam entströmte
Und tief sich mir in meine Seele senkte.

Aufschrei

Hauch vom Unendlichen!
Und Versöhnung! Versöhnung!! –
Oder sich zerfleischen lassen
Und unversöhnt sein …?!?

Der letzte Schwan

Lass uns mit letzter Blumenglut
Die wirren Haare schön bekränzen.
Dann wollen wir mit Sterbemut
Zum Weiher, wo die Rosen glänzen,

Der weiße Schwan die Wasser wellt
Mit träumerischem Ruderschlage,
Wenn Blatt um Blatt von Bäumen fällt.
Dort lass uns rätselhafter Klage

Stumm lauschen in den Tiefengrund …
Wie zittern seltsam Kreis' in Kreise!
Gib mir die Hand zu engem Bund!
Hörst du von dort die schwache Weise? –

Nachtgesang der Liebe

O du! O quäl mich nicht mit deinen Augensternen!
Weh, dunkles Feuer, das sich durch meine Seele frisst!
O neig dich mir! Nicht funkle aus schmerzvollen Fernen
Dein Nornenblick, der sehrend und Nachthimmel ist!

Du mondig Haupt im Walde deiner Ebensträhne!
O hülle mich darein und gib die Atemglut
Deines gebenedeiten Nahseins, denn ich wähne
Zu sterben ohne das Gefühl von deinem Blut!

Frühlingsnacht

Hat sanftes Dämmern schon in Frühlingsträume
die Welt gewiegt im warmen Abendfeuchten,
wird dringlicher der hellen Blütenbäume
jungfräulich Ruf und heimlich Leuchten.

Aus offnen Fenstern, gastlich allen Lüften,
blinkt trautes Licht zum Mahl der späten Stunde,
und dann und wann, verweht mit Blumendüften,
tönt auch ein dunkles Wort aus müdem Munde …

Nun erlosch das Licht. Und junge Träumer lehnen
sich weit hinaus, die Herzen bis zur Neige
des uferlosen Sehnens voll, und wähnen,
dass süß und schaurig sich ein Wunder zeige.

Einsamer Baum

Zu Abend hat tagheißer Wind sich sanft gelegt.
An blaue Wälder, die wo ferne standen,
erinnert sich einsam ein alter Baum.

Sein Wipfel gleißt im letzten Lichte unbewegt,
und seine Träume, die im Himmel münden,
umflieht ein Flor, seliger Wolken Saum.

Lieben heißt: sich an sich selbst vergeh'n,
heißt leidlächelnd zwischen Erd und Himmel hangen.
Liebe ist des Fleisches Aufersteh'n,
Liebe ist der Seele Heimverlangen.

Umranktes Fenster
(von mir auch vertont)

Wie haben wir damals hinausgelauscht
aus dem Fenster, weinrebumrankt!
O seltsamer haben die Bäume gerauscht –
Träume, weh, ihr versankt!

Wir hatten uns warm aneinander geschmiegt,
der herbstliche Wind ging lau.
Wie Sand war die süßeste Zeit uns versiegt,
und im Haar hing uns nächtiger Tau.

Wir lauschten und lauschten, tief gebeugt,
und horchten viel und lang,
wenn manchmal ein Apfel, sonnengesäugt,
dumpf pochend zu Boden sprang.

Wir schwiegen und lauschten immerzu,
als sollt uns ein Wunder gescheh'n.
Der Mond über uns zog in stiller Ruh
und strahlte in Silber und Gold …

Und ahntest du jetzt diese Stunde auch,
du kämst mir als liebes Gespenst,
ist mir doch jetzt in des Abends Hauch,
als ob du mich leise nennst.

Wie traurig ist das Innenringen!
Es fühlt die Seele keinen Schwung –
Und doch sagt man: Du bist sehr jung.
Dies aber will ich alles zwingen,
Nur schweige du, Erinnerung!

A b s c h i e d

In der hallenweiten Nacht
lass uns stehen und sinnen –
E i n m a l noch!

Die vielen Sterne, wie sie glüh'n! –
Sieh, auch rote!

Man sagt viel Schönes von den Sternen …
Es glühe jedem der seine –
Dir auch, mir …
Doch hier: Wie kühl,
Wie marmorkühl
Ist diese Nacht uns –
Tempel meines Leids! –

O Liebste, nichts! Kein Wort!
Sprich nicht! –

Noch einmal nur lass mich sehen, fühlen:

Deiner Augen Glühen,
Kühle deiner Hände!

Die Liebe lügt, es lügt die Poesie,
Und auch sonst ist die Welt recht sehr verlogen.
Wie oft, dass uns selbst Aug' und Ohr betrogen,
Und ganz zu schweigen von der Philosophie!

Die Götter, sagst du? – Schwärmer du,
sind unverlässlich und uns kaum gewogen.
Nur einem wölb ich des Triumphes Bogen:
L u k u l l ! Ja deine Küche trügt uns nie!

O Gaumenlust! O Kunst, du nie verlor'ne,
Die nie, solange Mägen knurren, ganz
Versiegt und immer schöpft aus reichem Borne!

Was soll, Lukull, mir noch der Musen Tanz?
Verwegen schmatzend unterm Götterzorne
Lass du den Lorbeer-, gib den F e i g e n -Kranz!

Aus der Zeit der Kriegsgefangenschaft in Sibirien

(1919/1920)

Der Mutter

Du erster Name in der Völker Wortschatz,
Du heiligster von allen Erdennamen:
O Mutter, lieb- und schmerzensreiche Mutter!
Fern hegest du mein Bild mit tiefen Ängsten
In deinem Herzen; einer ewigen Blume
Vergleichbar, die kein Sturm noch je entblättert,
So blüht dein Herz und breitet seinen Duft
Durch alle Weiten wie ein Band umschlingend.
Gebenedeit sind nunmehr deine Züge
Auch mir in meine Seele eingeschrieben.
Wie leidest du nicht doppelt, was ich leide!
Unwürdig nenne mich, dein böses Kind,
Das dich nicht lieben kann, wie du's geliebt.
O brauche harte Worte, stoß mich von dir,
Dass ich, zerrissen bis ins Innerste,
An deinem Halse hängend lieben lerne;
Verlor'ner Sohn nur kann dich, Mutter, fassen!
Doch immer redest du mit goldnen Zungen
Und lässt nicht ab, dein Kind zu pflegen,
Zu hüllen in die Wolke deiner Sorge,
Als wäre einzig es des Himmels würdig.
Als flüsterten mir Engel sie ins Ohr,
Wo du auch immer seist, du bist mir gegenwärtig.
Gott schütze dich, mein Kind! – So hebst du mich
Aus meinem Leid und bin zur Hälfte dein.
Wo ich auch immer sei, ich bin dir gegenwärtig.
Gott schütze dich!

Anthologie zum Muttertag

Gebet des Mönchs

O Gott!
In meinen Knabenzeiten
Durfte ich dich nur begleiten.
Ich schritt so sicher an deiner Hand,
Alles war Vaterland.

Nun ich dich ergründet,
Bin ich in dir
Und du in mir.
Wir fallen uns nicht schwer:
Bin aufgelöst und verbündet
Wie der Tropfen im Meer.

Schlaf, du zärtlicher Vertilger,
Zermalme mein Bewusstsein,
Dass ich nicht denken muss
Die herben Gedanken
Von Dasein, Müh'n und Siechen!

Wenn Gott, wie's heißt, uns seine Züge lieh,
uns ungeschwänzten, unbehaarten Affen,
Dann ist der ganze Mensch nur Blasphemie,
Und Gott hätt gut getan, uns nicht zu schaffen.

Die Scham versiegelt meine Augen.
Mein Antlitz, das sich hoffnungsfreudig
Zum Himmel eben noch gewandt
In einsamer Verlorenheit,
Muss sich zur Erde dunkel neigen.
Unleidliche Gestalten
Steh'n rings um mich und deuten
Mit Fingern auf mein Herz …

Der Weise

Ein Abgezehrter liegt
In Katakombendämmerung.
Er hat sich in Blindheit und Denken genügt
Und leiht seiner Seele den letzten Schwung.

Er hat genug gehört und geseh'n,
Längst schloss er sich ab vorm grellen Licht.
Er lässt die da draußen kommen und gehen,
Du sprichst zu ihm und er hört dich nicht.

Tief hat er ins eigene Selbst sich versenkt
Und fühlt sich klar und getröstet darin.
Nie hat er in Büchern gesagt, was er denkt;
Die höchste Weisheit stirbt mit ihm hin.

Gebrochener Stolz

Denn sie, die uns das himmlische Feuer leihn,
Die Götter schenken heiliges Leid uns auch.
Drum bleibe dies. Ein Sohn der Erde
Bin ich, zu lieben gemacht, zu leiden.
Friedrich Hölderlin

Ich liege da wie einer, den man erschlagen hat,
Will alles und nichts, und habe alles satt.

Ich würde mich töten, wenn ich so feige nicht wär
Und doch fiel mir der Kampf um das Höchste nicht schwer.

Mein Gott, warum bin ich so stolz und so weich,
Und fühle mich nicht den andern gleich!

Was fehlt mir die Kraft zu offenem Kampf,
Verschließend in mich den verderblichen Krampf!

Wie gerne wollt' ich mir selbst entflieh'n,
Mit andern die gleiche Straße zieh'n!

Weinen könnt' ich in schmerzlicher Lust:
Lieber ein Narr, als seiner selbst so bewusst!

Wie unsäglich glücklich ist,
Wer schlafen kann!
Wie lächeln die Kinder im Schlafe,
Denn mit ihnen sind die Engel.

Wegzehrung dieses Lebens
Ist der Schlaf.
Wer gelebt und gelitten,
Hat sein Geheimnis nie vergessen.

Was reißt mich aus der schaurigen Pfütze,
Wo keiner lebt und keine Natur,
Wo der Mensch nichts gilt und der Geist nichts nütze,
Wo verweht ist die göttliche Spur!

O dreimal verdammte Geschichtsperiode,
In die mich das Schicksal hineinbugsiert!
Was kümmert sie sich um die himmlischste Ode,
Wenn sie nur keinen Feldzug verliert.

Dvala – Sopor
(d. i. todähnlicher Schlaf, schwedisch-lateinisch)

Ich brauche nicht mehr zu wissen,
Ich bin gelehrt genug.
Lasst mich in Ruhe und schlafen,
Alles dünkt mir nur Trug.

Empfindlich ist meine Seele,
Mich schmerzt das Tageslicht,
Ich hülle mich in mein Dunkel,
Ich schlafe, und die Welt ist nicht.

Fatum

Ganz im Verworr'nen sind wir Menschen aufgelöst;
So wissen wir nie Spiel und Ernst zu trennen.
Bald hat den bitterlichen Kern entblößt,
Was wir im Anfang leichte Scherze nennen.

Wir mögen nie den roten Faden greifen,
Den durch das Leben uns das Schicksal zieht,
Um ihn uns eigenwillig abzustreifen;
Nur fester noch umstrickt er Glied um Glied.

Und Wunder kann der Wille auch nicht wirken,
Denn was wir wollen, nennt man gottgewollt;
Wohl suchen wir die inn're Fremdmacht zu umzirken –
Umsonst! Denn das Verhängnis rollt und rollt.

Von Alp befreit sieht man um vieles klarer,
Man sieht, was man verlor, scheint nicht *so* viel,
Was man gewann, ist umso wunderbarer,
Und alter Ernst wird neues Spiel.

Durchs weitre Leben webt ein tiefer Ton,
Der mahnt uns noch im Glück an düstre Mächte;
Was uns verbleibt, ist Resignation. –
In diesem Sinne finden wir das Rechte.

Und wenn alle Teufel lachen,
Sag ich doch euch ins Gesicht:
Mit der Schneiderelle messen
Kann man euch, mich aber nicht!

Wie du es beginnst,
So sollst du es vollenden!
Schon recht! Doch das ganze Gespinst
Liegt nicht in menschlichen Händen.

Vision

Winkt ein seltsam Abenteuer,
Drachenbrut mit Feuerschlünden?
Ach, der Wald ist nicht geheuer,
Nicht das Düster zu ergründen.

Schaurig lockend rauscht's im Laube,
Doch der kranke Mut will weiter;
Denn dem Zauber schon zum Raube
Sind verfallen Ross und Reiter.

Plötzlich auf der blanken Brünne
Wächst ein Glanz wie ein Karfunkel.
Sieh, ein Bild in heiliger Minne
Strahlt hervor aus Waldesdunkel.

Naht geheimnisvoll verschwiegen,
Fremd aus ungenannten Ländern,
Als ein Engel abgestiegen
Von den lichten Himmelsrändern.

Seiner Linnen schneeigen Säumen
Scheint ein Segen auszugehen,
Denn das Ross will sich nicht bäumen,
Lässt das Wunder gern geschehen.

Doch dem Ritter aus den Händen
Zaum und Zügel leis entgleiten,
Und er fühlt den Sinn sich wenden
In ferne aufgeschlossne Weiten.

Mit dem Kreuze sein Gewande
Er von Stund an da versah,
Ritt von Byzanz in die Lande,
Die dem heiligen Grabe nah.

Zwei Wiegenlieder

Einen Mantel hat der liebe Gott,
Drein sind wir wohl geborgen.
Draußen bleibet Kummer, bittre Not
Vom Abend bis zum Morgen.

Der schwarze Mantel ist voll Stern',
Die schaut mein liebes Kindchen gern.
Sei still, mein Kindchen, still und brav,
So kommt der Mantel: das ist der Schlaf.

Das Feuer verglüht
Und die Blitze, die zucken;
Auf eins wird all's müd
Und muss sich bucken.

Es kommt der Mäher Tod
Und nimmt all's weg,
Weg das süße Leben und die Not …
Wein nicht, mein Kind, es hat kein' Zweck!

Träne des Herzens

Es wohnt in uns ein heiliges Leid,
Das ist von so geheimer Art,
Dass es durch keinen Schrei entweiht,
Noch je durch Glück besänftigt ward.

Mag manches Trostwort, gut gemeint,
Und Liebe dich und Leben freu'n; –
Doch die dein Herz verstohlen weint,
Die Träne sollst du nicht bereu'n!

Läuterung

Zurück zu deinem Schutt,
In die Ruinen deiner Erdenwünsche!
Noch ein verfallenes Gemach ist dir geblieben,
Ein pompejanisch Lämpchen und ein wenig Öl
Und alle Bücher deines Geistes.
Zwar hast du deine Wünsche hoch gebauet:
Von Berg und Zinnen sahst du auf die Welt des Scheins,
Doch schon ist Nacht in tiefen Tälern unter dir geworden.
Unwandelbar im Pol glänzt dir ein Stern im Norden:
Zur Einkehr mahnt dich eine ferne Ewigkeit.
Nun bleib bei dir und nutze deine Zeit!
Bau anders als bisher auf den Ruinen,
Nimm deinen Geist zur Hand wie eine Kelle!
Noch musst du dir den Himmel erst verdienen,
Und edle Leiden nur sind seine Schwelle.

Das Feuerwasser Schillers ist mir peinlich,
Im Tragischen, und im Gedicht noch mehr;
Doch war er von Charakter tief und reinlich.
Du dichte besser und sei Mensch wie er!

Man soll sein Licht nicht untern Scheffel stellen:
Dies ziemt sich in den meisten Fällen.
Doch willst du nicht die Nörgler reizen,
Musst du's auch manchmal kräftig schnäuzen!

Im Winter 1920

Die Tiefe allen Elends hab ich nun gekostet:
Frost, Hunger, Hoffnungslosigkeit und Allgemein'res.
Vom Magen stieg ein Untier ins Gehirn
Und mischte sich mit einem Geist,
der nicht beschuldigen kann,
Aus Mitleid? Willensschwäche? – Was weiß ich!

Zuflucht

In diesen bösen Zeiten
Hält jeder sich an Gott,
Der steh ihm treu zur Seiten
Und wehr ihm Hass und Spott.
Und müssen wir denn streiten,
Herrgott, so steh uns bei,
Dass ja zu allen Zeiten
Unser Kampf ein rechter sei!

Nimm auf in deinen Glauben
Die Menschen dieser Welt!
Dich soll uns niemand rauben,
Wenn alles sonst zerschellt.
Erbarme dich der Tauben,
Gib ihnen gut Gehör!
Dich müssen alle glauben
Und geben dir die Ehr.

Wer dich im Herzen heget,
Er nenn dich, wie er mag,
Der hat sich wohl geleget,
So heut wie jeden Tag.
Wie sich die Welt auch reget
Ringsum in eitler Hast:
Wer Gott im Herzen heget,
Leicht trägt des Elends Last.

Denn wo ist Rat zu fragen,
Der letzte, denn bei dir?
Der du in allen Tagen
Unser Vater für und für.
In Kleinmut und in Zagen
Heb uns an deine Brust,
Sei gnädig unsern Fragen,
Da wir's nicht besser gewusst!

Wie oft aus dieser geistigen Verlassenheit,
Aus gärenden Abgründen dunklen Meditierens,
Möcht ich auffahren, treten in den Kreis der Menschen,
Um mein beklemmtes Herz vor ihnen zu befrei'n:
O Freunde, Brüder, die wir einer Mutter sind,
Sofern ihr lieben könnt, helft meine Schmerzen tragen!
Lasst mich in diesen Wirren nicht allein! Vergebt,
Was ich euch menschlich tat, um jener Liebe willen,
Die als ein letzter Strahl der Gottheit in mir flammt!
Wenn die gezählten Worte euch nicht speisen können,
So gebt dem Sinn die Neigung, der in ihnen wohnt!
Nur nicht so einsam in der Tiefe sterben soll ich,
Da Brüder sind, die meiner sich noch erbarmen könnten! –

Doch wer darf solcherweise ihren Werktag stören?
Ein Fiebernder mag so zu Menschen sprechen …
Sie würden spotten. – Und ich will auch das versteh'n.

Horoskop

Zurück ruf ich die Lebensgeister,
Sie müssen sich um mich versammeln.
Bin wiederum der alte Meister,
Kein Spuk soll mir den Weg verrammeln.

So geh ich mit den lieben Musen,
Den kleinen Schalk Amor im Nacken,
Und die Gedanken, die abstrusen,
Die müssen sich zum Teufel packen.

Und mit dem göttlichen Quadranten
Frag ich die Sterne, wie sie ziehen,
Hör wiederum die wohlbekannten,
Die ewig schönen Harmonien.

Da kann man freilich heiter werden:
Hier seh ich schön die Lyra blinken,
Dort will mit ausgespannten Pferden
Gar des Triumphes Wagen winken.

Die Jungfrau gibt mir zu verstehen,
Dass hier auch Zwillinge zu finden;
Doch muss ich meiner Wege gehen
Und will mich nicht für lange binden.

Ha, dacht' ich's doch! Da kommt der Drachen.
Soll ich denn in der Ehe landen?
Das glaub ich nicht, da muss ich lachen.
Lieber sie brechen, diese Banden!

Und Kassiopeia, diese Metze,
Sucht feuerblickend zu verführen;
Ihr Diadem strahlt ganze Schätze,
Um Höllengluten aufzuschüren.

Vom Wassermann kommt keine Rettung,
Dass seine Kübel er ergieße.
Unselig zwiefache Verkettung!
Hier gipfelt sich zur schwersten Krise.

Täusch ich mich nicht, ist dort die Waage:
O weh, nun gibt es gar Prozesse.
Es tritt das Stuprum klar zutage –
Zum Teufel auch die süßen Späße!

Was hat man alles einzusacken
Von wegen einer schönen Kebse!
Die Folter droht mit Zwick und Zwacken
In Skorpionen und im Krebse.

Was sind denn das für schlechte Witze?
Ein schwarzer Dunst kommt angezogen;
Ein wenig fuchtelt noch der Schütze
Mit seinem unheilvollen Bogen.

Wer deutet fernere Geschicke?
Es will sich kein Gestirn mehr zeigen.
Tief hüllt, ein Symbolum voll Tücke,
Sich mir das Firmament in Schweigen.

Tante Pallas

Nun bin ich wie ein ausgebrannter Krater,
Ein jeder Vers verwässerter Alkohol;
Denn wo Apoll nicht steht Gevatter,
Ist man nicht mehr des Gottes voll.

So lass ich auch Fragmente guter Stunden
In Frieden ruh'n, wie ich sie hingekleckst;
Hat sich mein hoher Herr zurückgefunden,
Gleich bin ich nach wie vor verhext.

Dieweil ich mich nun in Geduld muss fassen,
Um neu zu düngen meinen brachen Sinn,
Kommt Pallas ruhig und gelassen
Und stellt mir ihre Lampe hin.

Das gute Tantchen will, ich soll studieren;
Sie türmt um mich die ganze Philosophie,
Und auch ein Butterbrot will sie mir schmieren,
Denn ich bin blutarm, und das dauert sie.

Das Butterbrot hab ich zuerst gegessen,
Dann schlug ich einen Folianten um
Und trieb mich planlos und vermessen
Just in den schwersten Kapiteln herum.

Da las ich viel von Identität,
Von Immanenz, Substanz, auch von Monerem
Und Gottbegriffen, die kein Hirn versteht;
Doch übern Menschen konnt' mich nichts belehren.

Und alle möchten sie es gerne wissen,
Ob diese Dinge *nicht* sind oder *sind* –
Da hab ich endlich alles hingeschmissen.
Ach Tantchen, noch ein Butterbrot, geschwind!

Vorgefühl der Heimat

Aus tausend Fernen hör ich schon die Quellen klingen,
Begnadet sind die Düfte, die von jenseits strömen;
Des Herdes und der Freundschaft lichten Genien
Schlag ich die Altarblätter meiner Seele auf.
Mein Gott! So darf der Schössling wieder Wurzeln fassen
In jenem Boden, den Urväter ihm bereitet,
Da freie Lieder an die alten Berge hallten,
So darf ich auch die frühen Lüfte wieder atmen,
Die um die Kindesschläfen erste Märchen wehten,
Darf neu erblüht im Glanze dieser Sonne wandeln,
Der gleichen doch, die meine Brüder drüben schauen,
Wenn meine ungesprochnen Wünsche sie bestellt!

Gedichte selbst in kleiner Zahl sind mitunter ein Signal

(1932–1944)

Geläuterte Seele

Wer nie den tiefsten Schmerz der Seele fühlte,
Wen nie ein allgemein'res Weh durchwühlte,
Dass er sich selbst kaum als ein Schatten glich,
Sein Stolz wie die zerriss'ne Wolke wich:
Der ist nicht ganz den Menschen beizuzählen,
Es wird ihm noch die rechte Weihe fehlen.

Nie herrlicher nach dem Gewitterregen
Die Landschaft wieder blinkt im grünen Segen
Und bläulich heiter sich der Dunst verzieht:
So hebt geläutert wie ein Dankeslied
Die bange Seele sich zu den Gezelten
Des reinern Himmels und der reinern Welten.

Vorfrühlingsvision

Schwarz sitzt die Amsel auf nacktem Ast. Ihr aufgeregter Ruf lockt durch die feuchte Kühle des Morgens. Die rote Sonne, die nicht blendet, zögert staunend wie ein erwachtes Kinderauge am Horizont. Die kalten Strahlen brechen leicht durch dunkle Gesträuche und ernste Gruppen von Bäumen. Die Schatten der Frühe sind schlank wie Gerten. Da und dort blitzen schon klebrige Knöspchen der Kastanien und kaum entfaltete Blatttriebe werfen grüne Lichter über die Schatten. Nun ist die Zeit, da Menschen aus offenen Fenstern schauen, als müsse sich irgendwo ein Zug versammeln, der dann feierlich durch die Straßen kommt. Auch Mädchenaugen werden schöner und voll Listen, als flögen kleine Vögelchen aus ihren Sternen …

Wo die kühlen Pfeile der Sonne auftreffen, entzünden sie linde Wärme, und ein Dunst bereitet sich nahe der Erde und wächst berauschend den Tag über.

Von fernher, und noch klein, kommt durch das junge Gehölz geschritten Flora mit niedlichem Ernst, in gesticktem Kleid, einen Korb mit Blumen am Arm. Der Wind bläst ihr im Rücken und weht ihre blonden Haare weit nach vorn. Dieses Blond in der Luft vermag man zu spüren. Es sind die warmen Windstöße, die sich ins Frostige mischen wie züngelnde Flämmchen …

Nicht lange, so quillt die Erde über von Werden und Liebe, und Flora, die alles in kindlicher Sorglosigkeit entfesselte, steht erfüllt von ratlosem Entzücken, schlägt die Hände zusammen und verschüttet ihre ersten Veilchen …

Prinz Eugen

Aus bunter Ahnen Gärten und Geblüte
Entspross ein Reis edelster Ritterschaft:
Eugenius, des Reiches lautre Kraft,
Des Abendlandes Hort und Heil und Mythe.

Wie auch sein Herz für alles Schöne glühte
Und schmolz, sein Geist blieb immer heldenhaft,
In Treuen tief und im Entschluss gestrafft,
Voll Feuer, das er kampfesfroh versprühte.

So strahlt durch den verschlungenen Gang der Zeit
Sein Bild uns noch, als ob es heutig wäre:
Als Ahnherr unsres Reiches Einigkeit!

Wir grüßen seinen Geist im Belvedere,
Das er, voll heimlicher Erhabenheit,
Erbauen ließ, sich und dem Reich zur Ehre.

Ferngrüße an Manfred und Dorli zum Weihnachtsfest 1944 von ihrem Vater

Ihr meine lieben kleinen Froscherln,
Ihr Plapper- und ihr Zuckergoscherln,
Wie gerne möchte Vater an dem Weihnachtsabend,
Euch beide auf den Armen habend,
Mit Dorli kichern und mit Manfred scherzen,
Um euch ganz nah zu sein mit seinem Herzen!
So aber kann ich euch nur Bussis senden
Und bloß ein bisschen Spielzeug spenden,
Ach, könnt ich euch doch wenigstens von ferne seh'n!
Doch nein! Auch das kann leider nicht gescheh'n!
Das soll uns aber gar nicht sehr verdrießen,
Was jeder von uns hat, das wollen wir genießen.
Du, Manfred, kriegst jetzt warme Höschen und Wämschen,
Da gehst du auf die Jagd und schießt ein Gämschen
Und Dorli schaut mit ihrem Muff in Ruh
Derweile unten aus dem Tale zu,
Bis Manfred wieder aus den Bergen kehrt,
Dann wird das Gämschen gleich verzehrt
Mit Mandelbrot und guten Keksen,
Die unser Dorli hat mit Tupfen und mit Kleksen
Geknetet fest, gestrichen und gebacken,
Dass sie recht knusperig im Mäulchen knacken.
So lebt sich's gut für zwei so Mäuschen
In Schweitzers warmem Knusperhäuschen.

Drum, liebe Kinder, lasst euch raten:
Enthaltet euch der bösen Missetaten
Und seid schön brav, wie sich's gehört,
Und nehmt das an, was man euch lehrt!
Nicht dass ich, wenn ich einmal zu euch käme,
Was hören muss, worüber ich mich schäme,
Dass Manfred wieder einen „Scherm“ zerschmissen
Und Dorli gar vielleicht ins Bett gesch...!
Doch nein, mit andern als mit solchen Tönen
Woll'n wir das Weihnachtsfest verschönen:
Mit Giggl-gaggl, pipili und Nebelhorn
Und Riggl-raggl, immer wieder neu von vorn,
Und stimmt da Mutti auch mit ein,
so wird's ein lust'ges Trio sein.
Singt nur recht laut, dass man's in Wien vernimmt,
Dann gibt es ein Quartett, wenn Vater mit einstimmt! –
Soeben las ich, dass mit viel Geheule
Du, Manfred, schlugest dir die erste Beule.
Dass das grad muss zu Weihnachten gescheh'n,
Das will dem Vater tief zu Herzen geh'n!
Doch wird das Christkind alles wiederum kurieren,
Ein zweites Mal soll so was nicht passieren!
Somit beschließ ich meine Weihnachtsgrüße.
Bleibt fröhlich und gesund!

Vom Vater 1000 Küsse!

Und aus den Ruinen blüht neues Leben – aus einer neuen Heimat in Tirol

(1948–1961)

Unserer Mutti

zum Namenstag „Mariä Empfängnis“
am 8. Dezember 1948
in Weissach

Zur Namensfeier der „Marie“,
Da fehlt uns weiter nichts als – sie!
Wir meinen: das verflixte Geld,
Mit dem ist es halt schlecht bestellt,
Und diese augenblickliche Bedrängnis
Steht ganz im Gegensatze zur „Empfängnis“.
Mit offenen Armen würden wir „Marie“ empfangen,
So aber warten wir mit Bangen,
Man könnte uns mit Amtsbescheiden
Den Beutel wiederum beschneiden;
Um dies Problem nun gut zu lösen,
Darf jetzt der Musengaul nicht dösen,
Darf nicht an Hafersäcke denken
Und kann nur geist’ge Gaben schenken,
Und was er nicht verschenkt, muss er verkaufen,
Und anstatt Nektar Wasser saufen,
Muss ohne Leier, ohne „Klampfen“
„Mariechen“ aus dem Boden stampfen,
Muss sich auf Kälber mit zwei Köpfen stürzen,
Sie für die „Sonntagspost“ entsprechend würzen,
Und wenn ein Ehebruch in Ebbs geschah,
Flugs ist er mit der Feder da
Und hält dies schreckliche Geschehen der Justiz
Für ewig fest in der „Lokalnotiz“.

Und vor moralischer Zornglut schwelend
Beschreibt er das Beamtenelend,
Vielleicht auch wird er gar politisch
Und wedelt mit dem Schwanze kritisch
Und wiehert herzlich übers Öl aus Lein
Und wie's halt besser könnte sein
Und überhaupt die soziale Heilung
Nur abhängt von der Schmalzverteilung.
Auf alle Fälle hört bei solchem Weltenlauf
Das „Stronzi"-Stoppen einmal gänzlich auf.

Teils wird es so etwas nicht geben,
Teils wird man völlig nackert leben
Und durch Atomverjüngungskuren
Verschwinden bald auch alle Altersspuren.
Kurz, wie du's auch drehst und wendest, liebe Mutter,
Die ganze Zukunft schwimmt in Butter.
Und sind wir nun zunächst auch steuerpflichtig,
So ist doch nur das eine wichtig:
Humor und lustig sein und guter Dinge!
Das andere vergeht, das schätzen wir geringe.
Drum schlingen wir um dich den Reihn
Und stimmen in das Liedlein ein:
Tanz, Mutti, tanz!
Deine Nerven sind noch ganz.
Und fehlt's auch an „Mariechen",
Wir werden doch nicht kriechen!
Lass dich's nicht gereuen,
Der Vati bringt dir neue.
Dein sind wir ganz,
Tanz, Mutti, tanz!

Es lebe dreimal hoch alles, was Marie heißt!!!

Meine Kinder

Unser Vater, das ist ja nicht so ein Mann,
Den man fürchten, bestaunen, ernst nehmen kann,
Der ist wie ein Kuchenherz süß und weich,
Er weint auch und lacht ganz uns Kindern gleich.

Er spricht mit sich selber und träumt von Feen
Und Tieren, die nachts durch die Wälder geh'n,
Von Bäumen, in denen sich's wohnen lässt …
In seinem Herzen gibt's immer ein Fest!

Er tut so viel wollen, und macht doch nicht viel,
Er ist wie wir Kinder verliebt in sein Spiel.
Ja, der Vater von uns ist ein herzguter Mann,
Der uns und alle mitsammen liebhaben kann.

Künstlerweihnacht 1948
(Aus der Anthologie „Österreichische Lyrik“ – 1953)

Uns klingt es schon wie ein sehr fernes Lied,
Dass einmal Musen lichtvoll uns erschienen,
Gleich Sternen wandelnd, und mit milden Mienen
Die Glut vom Himmel reichten, der uns mied.

Mit heitern Tönen schmiedend, Glied um Glied,
Wanden die schmeidige Kette sie von ihnen
Zu diesem Erdenport, und heiliges Dienen
War Freude uns. Wer kennt es noch, das Lied?

Wer kennt den Frieden, wer die Herzgewalten,
Besinnen, Heimgefühl, Geborgensein,
Die Schöngefügtes noch zusammenhalten?

Doch stürzt nicht unsre letzte Hoffnung ein,
Solange Sterne sind, die nicht erkalten,
Und Seelen, wissend um den lautern Schein!

An Michelangelo

Aus seiner Nacht hat einer aufgeschrien,
Geklagt, ein Mann, begnadet, reif an Jahren.
Er schrie, weil ihm nichts Schlimmres widerfahren,
Denn dass die Welt, die er beglückte, ihn

Demantnen Geist nicht zu umgreifen schien.
O wie sein Trotz, sein Schmerz in wunderbaren,
Verschlungenen Worten stolz gemeißelt waren,
Von Schönheit satt und herber Harmonien!

Und wir? – O Abgrund solcher Nacht! wo flüchtig,
Verfolgt, formlos verfallen dieser Zeit
Gottlosen Grauens …

Dein Leid wiegt nichts.
Kann sein, du weckest eigensüchtig
Noch einen, den der Schlaf gebenedeit …

A kloans Geburtstagsg'sangl fürs neue Gander-Büaberl!

Über d'Nacht, über d'Nacht
Hat der Storch ein Kinderl bracht.
Guat is gangen, nix is gscheh'n,
Hat wer schon das Kinderl g'sehn?

Aber na! In der Fruah
Is's erscht kemma, 's is a Bua!
Hat si aber damisch g'schleunt,
Dass er's Christkind net vasäumt,
Tat gern unterm Christbam lieg'n,
Dass er a was Süaß' kunnt krieg'n,
Net allweil Kamillentee
Z'wega dem dalkerten Baucherlweh!

Wo denn, Leitln, is das g'wen?
Dass ma kunntn's Büaberl seh'n?

Wollt's das Büaberl seh'n,
Miaßt's nach Weissach gehen,
Durt beim Gander drein
Hört's das Büaberl schrein.
Wia a Großer hat's a Stimm,
Rehrt scho deutli: „Muatter, kimm!!"
Wia a Röserl is sei G'sicht
Und finf Kilo is sei G'wicht!
Glabt's ös oder glabt's ös net?
In der Stub'n drein,
Wo der Wäschkorb steht,
Da geht's 'nein!

Secht's das Büaberl lieg'n
In der woachn Wieg'n;
Muaß a Wäschkorb sein,
Gang' sunst nirgends 'nein,
Denn der kloane Has'
Is scho sakkrisch groß.
Ja, Platz braucht er gnua,
Der neiche Ganderbua!

Doch lasst's eng net vadriaßn,
Dass der Bua ins Kraut tuat schiaßn.
Bua is Bua, dös war net schlecht,
Mir gratuliern zwegn dem erscht recht!
Alsdann, liabe Ganderleit,
Mit der Weihnachtszeit
Habt's das wirkli fein darat'n
Guat is drum der Bua a grat'n.
Deshalb wird der Herrgott drob'n
Allerweil das Kinderl lob'n
Und ganz g'wiß im Himmel drein
Mit sein' Segn net sparsam sein.
Muaß der net was Tüchtigs wern,
Der auf d' Welt kommt –
unterm Weihnachtsstern?!

Der Mutter und dem Kind Toni Gander, geb. 1949,
wünscht viel Segen und Glück
die Familie Mayerhofer

In Harmonie verbunden!

Viel Freude, Trost und Segen
Hat schon Musik gebracht,
Doch ist vielleicht das Schönste,
Dass sie auch *Freunde* macht.

Gepflegt im engen Kreise
Wird sie ein festes Band,
Das Menschen jeder Artung
Liebreich zusammenspannt.

So macht sie auch das Eigne
Im andern rein versteh'n:
Man gibt sich auf, um reicher
Im Gleichklang sich zu seh'n.

Auch ist's die gleiche Woge,
Die uns zum Himmel hebt!
Sie wird von uns gemeinsam
Durch unsre Glut belebt.

Dass wir uns selbst entäußern,
Gibt unserm Spiel den Sinn.
Wie fänden wir sonst jemals
Zum Quell der Töne hin,

Zum Meister, dem sie klangen,
Der uns das Band erfand,
Wenn wir als treue Jünger
Nicht fassten seine Hand?

Drum mög dem Heim, der Stätte,
Wo Freundschaft und Musik
Noch ein Asyl gefunden,
Wo froher Augenblick,

Gesang und Klang und Scherzen
Sich schön zu Stunden reih'n –
Dem Heim und denen, die drin wohnen
Mög Glück beschieden sein!

Dem lieben Opa in Zell zum 80. Geburtstag!

Wie herrlich, wenn nach 80 Jahren
Ein rüstiger und hochgemuter Mann
Auf so viel Freud' und Leid, das er erfahren
Mit friedlich heiter'm Aug' zurückseh'n kann!

So geht es unserm lieben Opa heute,
Dem nimmermüden Wanderer aus Zell,
Der sich des Lebens allzeit freute,
Denn alles wurde ihm zum Freudenquell.

Wie ein Geschenk aus Gottes gnädigen Händen
Nahm er entgegen, was ihm widerfuhr,
Und Schlimmes konnte er zum Guten wenden
Durch seine Lieb' zu Gott, zu Menschen und Natur.

Und solche Liebe, nein, sie kann nicht rosten,
Und deshalb rostet auch nicht Opas Herz.
Es wird noch viele schöne Freuden kosten,
Weil es zu Gott schlägt immer himmelwärts!

Und auch aus Kinderaugen, hellen, reinen,
Schöpft er so gern Begeisterung,
Und scherzt und plaudert er mit unsern Kleinen,
Dann wird er selber wieder jung.

So jung, dass er nicht mehr ins Bett zu bringen;
Dann zeichnet, dichtet, malt er nächtelang
An Märchen, Bildern und viel andern Dingen
Zur Freud' der Kinder und zu ihrem Dank.

Nur weiter so! Glückzu auf Neunzig!
So rufen heut wir alle, dass es schallt.
's gibt nur ein Wien und einen Opa einzig!
Und Opa wird noch h u n d e r t Jahre alt!!

Der Mutti zum Geburtstag am 8.10.1952

Dass du im Herbst Geburtstag hast,
Das ist recht dumm; da schneit's ja fast!
Und in der Wohnung ist's nicht warm,
Das tut dir weh in deinem Arm.
Drum haben wir dir was gebracht,
Das dir gewiss viel Freude macht.
Den Schlafrock hier, der wärmt dich fein
Und macht dich fesch noch obendrein.
Hoch sollst du leb'n zum Purzeltag,
Du unser gutes, liebes Mütterlein,
Und habe Dank für Müh und Plag,
Die du hast täglich mit uns allen.
Im Schlafrock wird's dir leichterfallen!

Zum Namenstag

Anm.: Am Vorabend von
Muttis Namenstag (Dezember 1952)
von den Kindern aufgesagt.

Liebe Mutti, sei so nett,
Bleibe morgen lang im Bett.
Denn wir wollen mal probieren,
Dir ein Frühstück zu servieren.
Dass auch du einmal den Sonntag
Recht genießen kannst als *Schontag.*
Doch vielleicht ist es gescheiter,
Wenn wir morgen reden weiter.

(Anm.: Für das Gästebuch der Malerin Hilde Pirlo
anlässlich eines Besuchs
in ihrem neu gebauten Atelier,
oberhalb der Werksräume der Fabrik)

„Wär nicht das Auge sonnenhaft ...“ Es kamen
Mir diese Worte in den Sinn, als hier
Ich eintrat und das warme Leuchten mir
Entgegenschlug aus Wand und Bild und Rahmen.

Hoch über allem technischen Getriebe
Ist Sonne hier gekeltert fast wie Wein,
Von einem Herzen, das sich tief und rein
Dem Licht verschrieb in schöpferischer Liebe.

So wär auch Goethe gern hier eingetreten
In diese Räume, die dem Licht geweiht
Und freudigem Farbenglanz und hergewehten

Südlichen Himmelslüften, die erquicken wie samtes Saitenspiel –
Gebenedeit sind Augen, die die Sonne so erblicken!

Anm.: Zum Fest der flammenden Zungen,
am Pfingstmontag, dem 7. Juni 1954

An Dorli und ihr Marzipanschweinchen
(Zum Neujahr 1955)

Wie das nur möglich ist,
Dass mir ein duftiges Röslein
Im Munde drin zerfließt,
Als hätte ich die Röte
Des schönsten Munds geküsst!
Dass ich des Frühlings Grüße
Und seine Märchensüße
Ganz deutlich spüren kann!
Das hat mit ihrem Marzipan
Die allerliebste Küchenfee,
Mein Töchterlein, die Dorothee,
Zum neuen Jahr getan.
Denn Zucker, Mehl und Mandeln,
Die tat sie fein verwandeln
Mit einem Rosenwässerlein
Zu einem süßen Rosenschwein
Und einem zarten Blütengruß,
Dass mitten man im Winter
Den Frühling schmecken muss.
So was kann nur, ich bitte,
Die Dorothee Brigitte!

Von ihrem Vater

Ruf durch die Nacht

Mein Sohn! Mein Sohn!!
Schrie ich's hinaus, hinauf
Dem Sirius zu, der dort mir flammt,
Bis dass Gott es hörte,
Das liebe Wort –
D u hörst es nicht!
Käm ein Ruf mir zurück,
Heiser wie Hundegebell
Fern durch die Nacht,
Wo den Friedsamen allen
In verstummten Häusern
Leiser schon der Atem geht,
Ich wär's zufrieden auch.
Aber Gräuel ist
Wie nagendem Gewürm der Tag
Das Zärtliche dir,
Und Abfall die Lust deiner Trauer
Im verfrühten Herbst,
Da niemand mehr ein Haus sich baut …

O namenlose Leere, da hinein verfliegt
Des einsam Liebenden Ruf
Und nicht Obdach findet
In eines Herzens Räumen,
Die niemand mehr bewohnt!
Ihn überrauscht das gläserne Ried,
Das Orgeln der Wälder im Wind,
Und über dunkle Schollen stolpert
Seiner Stimme nach, die ihm versagen will,
Der Einsame.
Und wie Blut vor den Augen
Verlöscht's ihm die Sterne.

O du einziger Gott,
Lass einzig eine Silbe Dir Gebet sein,
Nimm's an Dein Herz
Das Wort, das liebe,
Und ihn, den es ruft,
Wie Du ans Herz Dir riefst
Den Sohn, der Dir starb!

An den Engel, der eindrang

Ich hatte vor dem Engel Angst,
Der eindrang durch verschlossenes Tor.
Das ich verschlossen
Im Ahnen seines Kommens, weil er milde
In Traumgefilden zorniger Masken,
Getürmter Schrecken und Gedröhns von Flüchen
Fernher sich kündigend erschienen war.
Ich hatte Angst, wie einer, der auf einer Klippe steht,
Nichts fühlt als Absturz um sich und den Retter irr
Als Feind, das Feste unterm Fuß ihm wehrend,
Verkennt.
Und als er eintrat,
Zu meinem Bette trat,
Da war's wie laues Wehn,
Und er war weiß und wesenlos und weste doch
Und wandelte die Luft in Flaum.
Doch ich ertrug's nicht.
Ertrug nicht dieses sanft Andringende,
Dies Schwerelose, das mich aus dem Meinen hob,
Den Sog des Wahns nicht,
Der mich zerstückte und verschwemmte,
Als wäre all meiner Seele Habe und vertrautes Hausgeräte
Auf einem Strom dahin.

Denn schreckhaft ist ein Leben, das aus anderm Leben kommt,
Menschlich Umfriedetes wie eine stille Wolke übersteigt.
Und solchen Segens Einbruch ist wie Fluch
Und wirft mit gleicher Wunderkraft uns aus der Bahn,
Macht das Ergreifen deiner Hand, o Engel, schwer,
Der von der Stirne du des Niederstürzenden
Den Katarakt der schweifenden Gedanken lösen kamst.

O Engel, Engel du! Es ist nicht, dass ich nicht begriffe,
Nicht deiner Herkunft lautern Sinn mir deutete,
Nicht ahnte, dass du nahtest tilgend,
Was tilgenswert in dieses Leben einwuchs
Wie Unkraut, das man jätet.
Vergebens schließe ich das Tor vor dir;
Doch lass mich dich im Traum ertragen,
Tritt dem Geängstigten nicht nah mit deinem Wolkigen,
Das seinen wachen Raum erfüllt!
Gib es dem Schlafenden im Schlaf
Und schweigend über seinem Bett entrolle
Das Spruchband deiner Sage!

Dulde, dass er reife!

Geburtstags-Sonett á la Picasso

Blieb mir der Dichtermund auch lang verschlossen
Und bräucht ich schon ein Elektronenhirn,
Um flink wie einst Poeme hinzuschmier'n,
Besteig ich doch noch einmal unverdrossen

Den Pegasus. Und Euch zuliebe sollen,
Geliebtes, „hochbetagtes“ Forsterpaar,
Zum … (besser nicht genannten) Lebensjahr
Des Musenpferdes hymnische Äpfel rollen!

Damit scheint sich der Gaul nun sehr zu eilen.
Denn wie ich jetzt bei näher'm Hinschau'n merke,
Verzapft er ein Sonett von vierzehn Zeilen;

Doch grade solcher Mist ist seine Stärke.
Da ist's ja schon, das goldne Äpfelchen!! Nun rolle
Glückbringend warm zum Jubelpaar und wolle –

Entgegen jeder Regel und Moral –
(Ich komme ganz ins dicht'rische Gedränge!)
Vergrößern deine Breit' und Länge
Durch folgende Vers- und Fußezahl:
Angeblich nämlich ist fürs Wachstum künftiger Rosen
Ein edler Pferdedung die beste aller Chosen!

Zusatzstrophe für Traude:

Picasso malt die Frauen auch nicht schön;
Doch weißt Du ja, wie seine Bilder gehen.
Und so ist's auch mit Mayerhofer Ernst,
Den Du als echt hier wieder kennenlernst.
So ist das Werk hier eine Kostbarkeit
Aus seiner letzten Dichterschaffenszeit
Und sozusag'n der letzte Apfelfall
Von seinem Ross. Dann kommt es in den Stall,
Und wenn ihm Bessres nicht gelinge,
Dann eben auch ins Ausgedinge,
Ganz so wie ich,
Der – leider und bedauerlich –
Hinfort sein Ruheständlerdasein weiht
Nur völlig ungereimter Hausarbeit!

Der Autor

Ernst Mayerhofer wurde 1896 in Wien geboren. Bereits im Alter von 15 Jahren begann er mit dem Verfassen von Gedichten. Während des Ersten Weltkrieges geriet er in Gefangenschaft, und es war seine künstlerische Ader – nämlich sein Violinspiel –, die ihn vor dem Ärgsten bewahrte.
Nach seiner Rückkehr nach Wien musste er den Lebensunterhalt für seine Mutter und seine beiden Brüder sicherstellen. Schließlich erhielt er eine Anstellung beim Österreichischen Schulbuchverlag, wo er seine spätere Frau kennenlernte. Während des Zweiten Weltkrieges drängte er seine Familie zu einem Umzug nach Tirol. Ein Entschluss, der seiner Frau und seinen Zwillingen Manfred und Dorothea das Leben rettete – das Haus in Wien wurde zerbombt. Später war er als Kulturreferent, Journalist und Geiger tätig.
Seine vor allem seiner Familie gewidmeten Gedichte wurden von seinem Neffen Christoph sowie seiner Tochter Dorothea gesammelt und veröffentlicht.